閱古通今典藏叢書・古籍影印

棋經

王承略　梁宗華　李梅訓　主编

高等教育出版社・北京
中国教育出版传媒集团

臣紀昀覆勘

欽定四庫全書　　子部八

提要　　藝術類　雜技之屬

棋經

臣等謹案棋經一卷宋晏天章撰張靖序曰圍棋之戲或言是兵法之類今取生敗之要分十三篇棋局第一得算第二權輿第三合戰第四虛實第五自知第六審局第七度情第八斜正第九洞微第十名數第十一品格

第十二襍説第十三後有跋云自宋以善弈顯名天下者昔待詔老劉宗今日劉仲甫楊中隱王琬孫侁郭範李百祥輩皆能誦此十三篇體其常而生其變也其跋不著名氏觀稱仲甫為今日則為南宋初人蓋此書在當時已為弈家之模範矣考通志圖譜畧云太宗棋圖一卷邯鄲藝術志御棋圖一卷上為製局名之凡十四局有逍遥自在千變萬化

凝神静心玄之又玄諸名晏章别撰玄玄集
或本諸此歟乾隆四十六年十二月恭校上
總纂官臣紀昀臣陸錫熊臣孫士毅
總校官臣陸費墀

原序

傳曰飽食終日無所用心不有博奕者乎桓譚新論曰世有圍棋之戲或言是兵法之類上者遠其疏張置以會圍因而成得道之勝中者則務相絕遮要以爭便求利故勝負狐疑須計數以定下者則守邊隅趨作罫以自生於小地春秋而下代有其人則奕棊之道從來尚矣今取勝敗之要分十三篇有與兵法合者亦附于中云爾張靖序

欽定四庫全書

棊經

宋 張靖 撰

棊局篇第一

夫萬物之數從一而起局之路三百六十一一者生數之主據其極而運四方也三百六十以象周天之數分而為四以象四時隅各九十路以象其日外周七十二路以象其候矣棊三百六十黑白相半以法陰陽局之線道謂之枰線道之間謂之罫局方而靜棊圓而動自

古及今奕者無同局曰日日新故宜用意深而存慮精以求其勝負之由則至其所未至矣

得算篇第二

棊者以正合其勢以權制其敵故計定於內勢成於外戰未合而算勝者得算多也算不勝者得算少也戰已合而不知勝負者無算也兵法曰多算勝少算不勝而況於無算乎由此觀之勝負見矣

權輿篇第三

權輿者奕棋布置務守綱格先於四隅分定勢子然後拆二斜飛下勢子一等立二可以拆三立三可以拆四與勢子相望可以拆五近不必比遠不必乖此皆古人之論後學之規捨此改作未之或知也

合戰篇第四

博奕之道貴乎謹嚴高者在腹下者在邊中者占角此棊家之常然法曰寧輸數子勿失一先有先而後有後而先擊左則視右攻後則瞻前兩生勿斷俱活勿連闊不

可太踈密不可太促與其戀子以求生不若棄之而取勢與其無事而强行不若因之而自補彼衆我寡先謀其生我衆彼寡務張其勢善勝者不爭善陳者不戰善戰者不敗善敗者不亂夫棊始以正合終以奇勝必也四顧其地牢不可破方可出人不意掩人不備凡敵無事而自補者有侵絶之意也棄小而不救者有圖大之心也隨手而下者無謀之人也不思而應者取敗之道也詩云惴惴小心如臨于谷

虛實篇第五

夫弈棊緒多則勢分勢分則難救投棊勿逼逼則使彼實而我虛虛則易攻實則難破臨時變通宜勿執一傳曰見可而進知難而退

自知篇第六

夫智者見於未萌愚者暗於成事故知己之害而圖彼之利者勝知可以戰不可以戰者勝識衆寡之用者勝以虞待不虞者勝不戰而屈人之棊者勝老子曰自知

者明

審局篇第七

夫弈棊布勢務相接連自始至終著著求先臨局交爭雌雄未決毫釐不可以差焉局勢已羸專精求生局勢已弱銳意侵綽沿邊而走雖得其生者敗弱而不伏者愈屈躁而求勝者多敗兩勢相圍先蹙其外勢孤援寡則勿走是故棊有不走之走不下之下誤人者多方成功者一路而已能審局者多勝矣易曰窮則變變則

通通則久

度情篇第八

人生而靜其情難見感物而動然後可辨推之於棊勝敗可得而先驗法曰夫持重而廉者多得輕易而貪者多喪不爭而自保者多勝務殺而不顧者多敗因敗而思者其勢進戰勝而驕者其勢退求己弊不求人之弊者益攻其敵不知敵之攻己者損目凝一局者其思周心役他事者其慮散行遠而正者吉機淺而詐者凶能

自畏敵者强謂人莫已若者亡意旁通者高心執一者卑語默有常使敵難量動靜無度招人所惡詩云他人有心予忖度之

斜正篇第九

或曰棊以變詐為務刼殺為名豈非詭道邪予曰不然易云師出以律否臧凶兵本不尚詐謀言詭道者乃戰國縱横之説棊雖小道實與兵合故棊之品甚繁而變之者不一得品之下者舉無思慮動則變詐或用手以

影其勢或發言以泄其機得品之上者則異于是皆沉思而遠慮因形而用權神遊局内意在子先圖勝於無勝藏行於未然豈假言辭喋喋手勢翩翩者哉傳曰正而不譎其是之謂歟

洞微篇第十

凡棊有益之而損者有損之而益者有侵而利者有侵而害者有宜左投者有宜右投者有先著者有後著者有緊闢者有慢行者粘子勿前棄子思後有始近而終

遠者有始少而終多者欲强外先攻內欲實東先擊西路虛而無眼則先覷無害于他棊則做劫饒路則宜踈受路則勿戰擇地而侵無礙則進此皆棊家之幽微也不可不知大易曰非天下之至精孰能與於此

名數篇第十一

夫弈棊者凡下一子皆有定名棊之形勢死生存亡因名而可見有衝有斡有綽有約有飛有關有劄有粘有頂有尖有覷有門有打有斷有行有立有捺有點有聚

有蹺有夾有拶有嶭有刺有勒有撲有征有刼有持有殺有鬆有槃用棊之名三十有二圍棊之人意在萬周臨局變化遠近縱橫我不得而前知也用行取勝難逃此名傳曰必也正名乎棊之謂歟

品格篇第十二

夫圍棊之品有九一曰入神二曰坐照三曰具體四曰通幽五曰用智六曰小巧七曰鬬力八曰若愚九曰守拙九品之外不可勝計未能入格今不復云傳曰生而

知之者上也學而知之者次也困而學之又其次也

雜說篇第十三

夫棊邊不如角角不如腹約輕於捺捺輕於嶭夾有虛實打有情僞逢綽多約遇撲多粘大眼可贏小眼斜行不如正行兩闗對直則先覷前途有礙則勿征施行未成不可先動角盤曲四局終乃亡直四板六皆是活棊花聚透點多無生路十字不可先紐勢子在心勿打角圖亦不欲數數則怠怠則不精亦不欲踈踈則忘忘則

多失勝不言敗不語振廉讓之風者乃君子也起忿怒之色者小人也高者無亢卑者無怯氣和而韻舒者喜其將勝也心動而色變者憂其將敗也赧莫赧於易恥莫恥於盜妙莫妙於用鬆昏莫昏於覆劫凡棊直行三則改方聚四則非勝而路多名曰贏局敗而無路名曰輸籌皆籌為溢停路為芇打籌不得過三淘子不限其數劫有金井轆轤有無休之勢有交遞之圖奕棊者不可不知也凡棊有敵手有半先有先兩有桃花五有北

斗七夫槩有無之相生遠近之相成強弱之相形利害之相傾不可不察也是以安而不泰存而不驕安而泰則危存而驕則亡易曰君子安而不忘危存而不忘亡

原跋

自宋以弈顯名天下者昔年待詔老劉宗今日劉仲甫楊中隱以至王琬孫侁郭範李百祥輩人人皆能誦此十三篇體其常而生其變也古人謂猶盤中走圓橫斜曲直繫於臨時不可盡知而必可知者是圓不能出於盤也棊經盤也弈者圓也士君子無所用心則可觀焉

提要　　　子部八

藝術類　雜技之屬

棋訣

臣等謹案棋訣一卷宋劉仲甫撰仲甫錢塘人南渡時國手也書凡四章一曰布置二曰侵凌三曰用戰四曰取捨仲甫自序曰棋者意同於用兵故叙此四篇粗合孫吴之法後附論棋雜說即晏天章棋經之末篇而仲甫

為之註者也案仲甫以奕名一世而何薳春渚紀聞載有祝不疑者勝之蔡絛鐵圍山叢談又載有王憨子晉士明者皆勝之則其技亦非出萬全然算數心計之事大抵皆後勝於前蓋因所已至從而更推所未至有所藉者易為力也且擅名既久自謂無敵後來者或乘其暮氣之已衰或乘其驕氣之太盛抵隙而入往往出所不防利鈍互形蓋由於此

夫孫武能師師入郢而不能禁楚之不復郢則亦非百戰百勝者然十三篇之書談兵者莫能外也仲甫此書亦可作如是觀矣乾隆四十六年十二月恭校上

總纂官臣紀昀臣陸錫熊臣孫士毅

總校官臣陸費墀

原序

棊者意同於用兵故敘此四篇粗合孫吳之法古人所謂怯敵則運計秉虛沉謀嘿戰於方寸之間解難排紛於頃刻之際動靜迭居莫測奇正不以猶豫而害成功不以小利而妨遠畧此非淺見謏聞者能議其髣髴耳

劉仲甫序

欽定四庫全書

棊訣　　　　　　　　宋　劉仲甫　撰

一曰布置

蓋布置棊之先務如兵之先陣而待敵也意在疎密得中形勢不屈遠近足以相援先後可以相符逼近勢子有圻三四之著勢雖大而易攻至於尖飛之類力雖牢而路促圻二之意得其中也若入他境或於六三三六下子謂此有三用四二斜飛入角九三圻二歸邊六五單關入腹及九三十三之著思不執一進退合宜訣曰遠不可太疎疎則易斷

近不可太促促則勢羸正謂此也善棊者不困在此使困在彼勢壯在已勢羸在人此乃為格

二曰侵凌

夫棊路無必成棊無必殺乘機制變不可預圖且布置已定則强弱未分形勢鼎峙然後侵凌之法得以行乎其間必使應援相接勾落相連多方以擁逼迤邐而侵襲（侵襲者近角蹺間則夾斡之類是也擁逼者因勢取利是也）侵襲若行則彼路不得不促擁逼漸急則彼勢不得不羸俟乎忿而先動則

視敵而索其情觀動而制乎變此之謂善應者也

三曰用戰

用戰之法非棊要道也不得已而用之則務在廣愼以守封疆端重而全形勢封疆善守則在我者實矣形勢能全則在我者逸矣夫以實擊虛以逸待勞則攻必破戰必克矣

四曰取捨

取捨者棊之大計轉戰之後孤棊隔絕取捨不明患將

及矣蓋施行決勝謂之取棄子取勢謂之捨若內足以豫奇謀外足以降形勢縱之則莫禦守之則莫攻如是之棊雖多可取而保之若內無所圖外無所援出之則愈窮而徒益彼之勢守之則愈困而徒壯彼之威如是之棊雖多可舍而委之

論棊訣要雜說

夫棋邊不如角角不如腹約輕於捺捺輕於辟（勢之使然）夾有虛實（有實夾有虛夾）打有情偽（凡打節有實打有虛打）逢綽多約（因綽則多

約遇撈多粘不粘則斷嶭亦如之大眼可贏小眼局面線道相交之地以棊圍之曰眼不可攻曰實眼可攻曰虛眼凡圍棊有雙眼則活孤眼則死若黑白相圍各無雙眼則大眼贏小眼也地廣而路多曰大眼地狹而路少曰小眼斜行不如正行胡孟反不正謂之斜用而必中曰正兩關對直則先覷彼此有關相對宜先覷覷則張力存後活前塗有礙則勿征凡欲征棊先觀前路有無敵之子相礙有行未成不可先動先動則覺慎勿妄施四隅十字不可先紐四角之中有紐十字之著取其狀類奕不得數數則怠怠則不精數奕則神疲體倦則不精奕不得踈踈則忘忘則多失踈稀也忘棄忘也踈棄則廢忘而局生故多失而少勝勝不言敗不語事以容成語勿洩勝

（負之由則敵不能測）振廉讓之風者君子也起忿戾之色者小人也（君子守道而固窮小人趨利而避害）高而無亢卑而無怯（高者輕弱而多亢下者畏强而多怯）氣和而韻舒者喜其將勝也（將勝則先喜）心動而色變者憂其將敗也（欲敗則預憂）棊直行三則改（自古國手直行三子多是斜飛單關少肯直行四子若壓敵子沿邊而走者雖多亦許）方聚四則非（自古國手少有方聚四者以四子圍方罫名曰方聚四）皆籌為溢（器中積水滿而流出曰溢孝經云滿而不溢是也白黑兩棊排滿局路各有多者為嬴）停路為节（节音縣說文曰相當也兩家不勝不負故名曰节俗云停局）奕棊者不可不知也凡棋有敵手（强弱均而爭先謂之敵手）有半

先强者饒弱者兩局先弱者復饒强者一局先所饒之子强者在中以三局為一周有先兩强者兩局之中饒弱者三子故謂之兩有桃花五强者兩局之中饒弱者五子取桃花五出之義有北斗七强者兩局之中饒弱者七子取北斗魁四杓三之義夫棊者有無之相生遠近之相成强弱之相形利害之相傾不可不察也是以安而不泰存而不驕安而泰則危存而驕則亡易曰君子安而不忘危存而不忘亡

圖書在版編目（CIP）數據

棋經 / 王承略，梁宗華，李梅訓主編．-- 北京：高等教育出版社，2025. 3. -- ISBN 978-7-04-063642-0

Ⅰ．G891. 3

中國國家版本館 CIP 數據核字第 2025LV9666 號

棋經

QI JING

策劃編輯　包小冰　　責任編輯　包小冰　　封面設計　王　鵬　　版式設計　李彩麗
責任印制　張益豪

出版發行　高等教育出版社
社　　址　北京市西城區德外大街 4 號
郵政編碼　100120
印　　刷　北京中科印刷有限公司
開　　本　880mm × 1240mm　1/16
印　　張　3
字　　數　50 千字
購書熱綫　010-58581118
咨詢電話　400-810-0598

網　　址　http：//www.hep.edu.cn
　　　　　http：//www.hep.com.cn
網上訂購　http：//www.hepmall.com.cn
　　　　　http：//www.hepmall.com
　　　　　http：//www.hepmall.cn
版　　次　2025 年 3 月第 1 版
印　　次　2025 年 6 月第 2 次印刷
定　　價　22.00 元

物 料 號　63642-A0